Werner Reckelkamm

Freiheit auf zwei Rädern

Motorräder der 50er–80er Jahre

Wartberg Verlag

Im Gedenken an meinen besten Freund Bernd Adrian (1954-2019)

Bildnachweis

Rudolf Zeidler, Hannoversch Münden: S. 4

Norbert Lindlau, Pulheim: S. 5 Mitte

Guido Grob, Hürth: S.5 oben und unten

Edgar Delpho, Kassel: S. 6 und 7, Werbeseite Hintergrundbild

Heinz Mergell, Stauffenberg: S.8 Oben, 9 und 14

Egon Bachmann, Fuldabrück: S.8 unten

Werner Reckelkamm, Kassel: S. 10, 11,15, 16 oben, 22 beide, 23 oben rechts, unten links,

27 beide, 28 unten, 38 unten rechts, 39 unten, 44 unten 45, 46 47

Petra Jüchter, Ganderkesee: S. 12 unten und 25 unten

Uwe Wollenhaupt, Kassel: S. 12 oben,13 oben, 25 oben, 26, 39 oben und 40 unten

Ulf Dauselt, Nieste ulf.dauselt@t-online.de: S. 13 unten beide, 21 unten, 38 unten links und 38 oben rechts Michael

Schröder, Kassel: S. 16 unten, 17, 18, 28 oben, 52, 53, 54, 55 und 56

Peter und Regina Malkus und Freundinnen, Kassel und Nordhessen: S.20 unten, 21 oben, unten rechts, 57, 58, 59,

60, 61, 62 und 63

Bernd Adrian, Kassel: S. 23 unten rechts und 24

Goldwing Stammtisch Sachsen, www.gwst-sachsen.de: S. 29

Winni Scheibe, Bad Arolsen, www.winni-scheibe.com: S. 30 links, 32 oben, 35 und 37

Technikmuseum, Sinsheim (Sperk): S. 32 unten, 33

Z 1000 Stammtisch Kassel, www.z-stammtisch-kassel.de, www.dennis-witschel.eu: S. 40, 41, 42

Kurt Peter Garweg, Velbert: S. 43

ADAC: S. 44 oben

Günter Neuser, Kassel: S. 48

Simson Freunde, Kassel, Simson-Freunde@web.de: S.49, 50 und 51 unten

Thomas Reckelkamm, Nieste: S. 51 oben

dpa Picture-Alliance GmbH: Umschlagvorderseite unten, 19 unten, 20

ullstein bild: S. 19 oben (IT), 31 (IVB-Report), 34 (Harry Hampel)

Impressum

2. Auflage 2022

Alle Rechte vorbehalten, auch die des auszugsweisen Nachdrucks

und der fotomechanischen Wiedergabe.

Satz und Layout: Ralf Ullrich - Grafik & Design, Kassel

Druck: Druck- und Verlagshaus Thiele & Schwarz GmbH, Kassel

Buchbinderische Verarbeitung: S. R. Büge, Celle

© Wartberg-Verlag GmbH

34281 Gudensberg-Gleichen, Im Wiesental 1

Telefon: 0 56 03 - 9 30 50

www.wartberg-verlag.de

ISBN 978-3-8313-2520-7

Einmal Motorradfahrer, immer Motorradfahrer

Fast jeder kennt das unvergleichliche Gefühl vom Fahrrad auf das Mofa (Motorfahrrad) oder Moped (Motorrad, Pedale) umzusteigen. Wie z.B. der junge Bäckerlehrling, der nachts zum Arbeitsplatz eilt und nach acht anstrengenden Stunden in der Backstube müde und erschöpft auf sein Moped steigt und sich rasch nach Hause tragen lässt.

Zum Vergleich: Zu Fuß kommt der Mensch 6–7 km/h voran, mit dem Fahrrad und auf vernünftigen Straßen etwa 15 km/h und mit dem Moped 40 km/h. Dieses Gefühl der Mühelosigkeit und Freiheit stellt sich nie wieder so intensiv ein, wie mit dem ersten motorisierten Zweirad, selbst dann nicht, wenn man irgendwann das tollste, teuerste und schnellste Motorrad der Welt besitzt.

Noch heute sind Mofa oder Moped ökologisch wie politisch korrekt, sie verbrauchen sehr wenig Kraftstoff (um 2 Liter) und bringen ein bis zwei Menschen mit Gepäck und eventuell einem kleinen Anhänger zuverlässig über große Distanzen. Heute werden Mopeds in großen Stückzahlen überwiegend von japanischen oder koreanischen Herstellern produziert. Sie motorisieren zum Beispiel die Bevölkerung in Asien und Afrika und unterstützen dort den Aufbruch in den wirtschaftlichen Erfolg.

Doch irgendwann reicht das Mofa oder Moped nicht mehr aus. Man will in der Freizeit die nähere und weitere Umgebung erkunden. Die Leistung des fahrenden Untersatzes soll den gestiegenen Ansprüchen genügen und die Sozia einen kommoden Platz finden. Je nach Geldbörse und Geschmack fällt die Wahl auf einen Motorroller oder ein Motorrad. Die Nachteile der einspurigen Fahrzeuge lassen sich jedoch nicht ausräumen: Bei winterlichem Wetter kann es leicht zu Stürzen kommen und selbst wenn die Fahrt unfallfrei verlaufen ist, klagen die Zweiradfahrer über verschmutzte, durchnässte Kleidung und verfrorene Körperteile. In der Folgezeit steigen daher die meisten der Motorradfahrer in das wesentlicher komfortablere Auto um.

Die Verkaufszahlen der Motorradindustrie brachen in den 60er-Jahren dramatisch ein, viele Hersteller mussten die Herstellung aufgeben. Zwei Relikte aus der Zeit des Rückzugs der Fahrensleute haben bis heute überlebt: Die wenigen echten Windgesichter, die damals aus Überzeugung weiter Motorrad fuhren, waren so rar, dass sie sich bei einer Begegnung per Handzeichen grüßten und das „Du" alters- und standesübergreifend die kleine, übriggebliebene Motorradgemeinde verband.

Diese Rituale haben bis heute Bestand, wobei manch einer angesichts der inzwischen wieder sehr großen Anzahl der Motorradfahrer Zweifel über den Sinn der Grüßerei hegt. Das „Du" allerdings darf gern bleiben!

Ähnlich wie ein Herpes, der die meisten Menschen in jungen Jahren befällt, lässt sich der Motorrad-Virus zwar lange unterdrücken, gleichwohl ist er immer präsent, um bei allernächster Gelegenheit wieder auszubrechen. Sei es, dass die Kinder aus dem Haus sind, das Eigenheim abgezahlt oder das Rentenalter erreicht ist – spätestens jetzt bricht sich das Motorradfieber wieder seine Bahn.

Ein neues Motorrad oder das Motorrad aus der Jugendzeit wird angeschafft. Nun rast der Motorradbegeisterte mit seiner Sozia nicht mehr wie ein Verrückter umher, sondern lässt es eher ruhig angehen, riecht den Wald, den Fluss, das abgeerntete Feld und freut sich auf eine Pause in der wärmenden Frühjahrssonne. Er kehrt in Lokale ein, in denen Motorradfahrer im Gegensatz zu früher inzwischen sehr willkommen geheißen werden. Wenn Motorradfahrer heute den Helm abnehmen, haben sie häufiger graue oder wenige Haare. Wetten?

Werner Reckelkamm

Auf zwei Rädern durch das Wirtschaftswunder

Das Motorfahrrad

Nach dem Zweiten Weltkrieg zu Beginn der 1950er-Jahre waren die dringendsten Bedürfnisse der Bevölkerung, wie ausreichende Nahrung und ein Dach über dem Kopf, einigermaßen erfüllt. Die Wirtschaft der Nachkriegszeit wuchs rasant und suchte nach Arbeitskräften, die häufig auch mobil sein sollten. Da musste so manches altes Fahrrad herhalten, das die Zerstörungen des Krieges überstanden hatte.

Für den weiteren Weg zur Arbeit boten die Hersteller leichte Hilfsmotoren an, die dem Fahrradlenker die Tretarbeit zum größten Teil abnahmen und die man recht einfach an das vorhandene Rad montieren konnte. An großen Steigungen war freilich kräftiges Mittreten angesagt.

Ein besonders schönes Beispiel für die aufkommende Motorisierung in der Nachkriegszeit: Auf diesem – vermutlich – Opel Fahrrad ist ein 34 ccm Rex Hilfsmotor mit 0,8 PS montiert. Der Preis für den Komplettsatz betrug 1949 228 DM.

Zur Vollausstattung dieses Motorfahrrades gehört eine Halbnabenbremse im Vorderrad, ein Trommelscheinwerfer, eine lautstarke Klingel, ein verstärkter Gepäckträger und – ganz wichtig – ein auf dem Rahmenrohr montierter Kindersitz nebst klappbarer Fußrasten an der Gabel. Dieses Mofa befindet sich in einem originalen, unrestaurierten Zustand und ist damit eine Rarität.

Die NSU Quickly

Mit einem Moped ließen sich größere Steigungen und Entfernungen mühelos bewältigen. Die qualitativ hochwertige und zuverlässige NSU Quickly war erschwinglich und gehörte zu den am weitesten verbreiteten Mopeds in den 50er- und 60er-Jahren.

Die sportlichen Ergänzungen zu Standard Quickly: die Quickly TT und die Cavallino.

„Nicht mehr laufen, Quickly kaufen". 1,4 – 1,7 PS, Verbrauch ca. 2 Liter, 33 KG. Ab 1953, 1954 waren bereits über 100 000 Exemplare verkauft.

Die Restaurierung dieser raren Cavallino gestaltet sich sehr aufwendig.

Maico, Adler, Zündapp und Co.

Stellvertretend für die Motorräder, die in den 50er-Jahren massenhaft gebaut wurden und reißenden Absatz fanden, stehen die Maico 200 S, die zweizylindrige Adler 250, die NSU und die Zündapp 200 – alles Beispiele für besonders hochwertige Erzeugnisse der deutschen Motorradfabrikation.

An der hier gezeigten Maico 200 S fallen einigen Besonderheiten auf. So verfügt die 54er Maico bereits über eine mechanische Ganganzeige im Tacho, über Bowdenzug, eine Hinterradschwinge, den geschlossenen Kettenkasten, je ein geräumiges Werkzeug- oder Staufach auf beiden Seiten, viele polierte Aluminiumteile und eine optional lieferbare Sitzbank und Vollnabenbremsen.

Um in dieser Zeit der starken Nachfrage nach guten und günstigen Motorrädern Herr zu werden und nicht weiter von zugekauften Motoren abhängig zu bleiben, baute Maico bereits vor 1950 eigene Motoren, die sich nicht nur im strapaziösen Alltag bestens bewährten, sondern auch zunehmend erfolgreich im Motorsport eingesetzt wurden.

Maico 200 S, Bj. 1954, 11 PS. Die beim Geländewettbewerb eingesetzte Maico hat unseren damals noch jungen Fahrer so nachhaltig beeindruckt, dass er sie nie vergessen hat. Aus Jux und Dollerei schaute er mehr als 60 Jahre später, im Alter von 80 Jahren, im Internet nach „seiner" damals neu gekauften Maschine und wurde fündig!

Diese Maschine befindet sich im Originalzustand, wie sie 1954 ausgeliefert wurde, lediglich die Faltenbälge der Standrohre der Vorderradgabel wurden ergänzt.

Die Maico 200 S bei einem Geländesportwettkampf, etwa Ende der 50er-, Anfang der 60er-Jahre. Der Serienzustand wurde nur minimal verändert: Das vordere Schutzblech blieb im Fahrerlager, ein Gitter schützt das Lampenglas vor Steinschlag und eine verkürzte Endübersetzung runden die sportlichen Veränderungen ab und genügten um Erfolge einzufahren.

Der Traum von der Adler

Ähnlich wie die Maico verfügt auch die Adler 200/250 über eine damals hochwertige Vollausstattung, wesentliche Unterschiede zur Maico zeigt der Motor mit zwei Zylindern und ungewöhnlich kleinen Räder im 16-Zoll-Format.

Auch der Eigner des fast fertiggestellten Restaurationsobjektes ist seit seiner Jugend von der Adler begeistert, nachdem er erstmalig einen Dachdecker mit Rucksack und Wasserwaage auf einer abgearbeiteten M 200 sah.

Das einzige, das sich der junge Mann seinerzeit aber selbst leisten konnte, war eine Bedienungsanleitung und eine Ersatzteilliste. Diese hatte er gegen einige Zigarren mit einem alten Herrn getauscht.

Es sollte viele Jahre dauern, bis sich aus einem Schuppen das Fragment einer M 200 aus dem Jahr 1950 mit Stecktank erwerben ließ, das nun nach und nach komplettiert wird.

Ersatzteile für die Adler sind ein halbes Jahrhundert nach Einstellung der Produktion sehr rar und sehr teuer. Allein ein originaler Kettenschutz aus Blech, verbeult und dreckig, schlägt heute mit 150 € zu Buche. Ein Nachbauteil aus Kunststoff kam für unseren Restaurator nicht infrage.

Glück hilft da manchmal bei der Suche: Aus einem gerade geöffneten Kofferraum auf einem Markt konnten original neue Kolben und Zylinder zu einem Freundschaftspreis gekauft werden.

Jetzt wird es nicht mehr lange dauern, bis der junge Mann von einst mit der Adler und ihrem giftigen Klang und dem typischen Zweitaktgeruch über kleine Landstraßen fegt.

Die Adler 200 aus dem Jahr 1950 kurz vor der Fertigstellung.

Adler 250, Bj. 1954, 16 PS, fein restauriert.

MOTORRAD ADLER PARADE 1954

UNSERE MOTORRÄDER MIT DER NEUEN SCHWINGHEBELGABEL
MB 150 · MB 201 · MB 200 · MB 250 · MB 250 S

bieten bei einheitlichem Fahrwerk und hervorragenden Federungs- und Fahreigenschaften eine wahrhaft **GROSSE LEISTUNGSWAHL ZWISCHEN 8,4 UND 18 PS** und darüber hinaus jedem ADLER-Fahrer alle Vorteile eines modernen Zweitakttriebwerkes:

1. weichen Motorlauf, daher sehr geringe, ruckfreie Mindestgeschwindigkeit im 4. Gang. Niedrige Kolbengeschwindigkeit, keine überhöhte, verschleißfördernde Tourenzahl,

2. überraschende Motor-Elastizität durch hohes Drehmoment im unteren und mittleren Drehzahlbereich, großartiges Durchzugvermögen am Berg,

3. rasantes Beschleunigungsvermögen als deutlich sichtbaren Ausdruck von Temperament und Leistungsstärke,

4. Verschleißfestigkeit und überdurchschnittliche Lebensdauer bei mäßigen Unterhaltskosten.

DU HAST DIE WAHL IN BEZUG AUF GESCHWINDIGKEIT UND BETRIEBSKOSTEN

Wer wirtschaftlich fahren will, bewegt sich in mittleren Geschwindigkeitsbereichen; ADLER-Motorräder zeigen sich dabei von der genügsamsten Seite. Wem aber der Pfennig locker in der Tasche sitzt, der erfährt durch Temperament und Höchstgeschwindigkeit seiner ADLER, was Motorsport und helle Fahrerfreude bedeuten. Aber auch das Langsamfahren wird dank der großen Motorelastizität zu einem besonderen Vergnügen.

ZWEIZYLINDER-VIERGANG-TYP:

Die Maschine, die den Namen ADLER im Motorradbau berühmt gemacht haben. Vorn die neuartige, hydraulich gedämpfte und vollständig gekapselte ADLER-Schwinghebel-Federung, hinten die einstellbare Teleskop-Federung, ebenfalls hydraulich gedämpft. Viergetriebe mit unverfehlbarem Leerlauf — großer formschöner Tank — Lenkungsschloß im Steuerkopf — verschließbarer Werkzeugbehälter — Horn und Batterie vollgekapselt — wirksame Ansaug- und Auspuffgeräuschdämpfung — hervorragende Ausstattung.

MB 250

Die Krone der ADLER-Produktion: Das Klasse-Motorrad für Kenner, bewährt auch im schwersten Seitenwagenbetrieb. 16 PS — Höchstgeschwindigkeit 116,5 km/std sitzend, 126 km/std liegend — Kraftstoffnormverbrauch 3,6 Liter bei 77,5 km/std gleichbleibender Geschwindigkeit — Kraftstoffverbrauch bei 60 km/std gleichbleibender Geschwindigkeit 2,7 Liter.

MB 250 S

Mit ca. 18 PS eine Weiterentwicklung der in schwersten Wettbewerben im In- und Ausland immer wieder siegreichen bisherigen Sportausführung. Die Höchstgeschwindigkeit von ca. 125 km/std und die überragenden Fahreigenschaften machen die MB 250 S zu einer idealen Sportmaschine für Straße und Gelände.

MB 200

Die komfortable Reisemaschine für hohe Ansprüche, vor allem auch mit Seitenwagen. 11,4 PS — Höchstgeschwindigkeit 101 km/std — Kraftstoffnormverbrauch 2,9 Liter bei 67 km/std gleichbleibender Geschwindigkeit, Kraftstoffverbrauch bei 52 km/std gleichbleibender Geschwindigkeit 2,4 Liter.

Die Hersteller stellten die Qualität und den niedrigen Verbrauch heraus. Selbstverständlich werden Motorradfahrer im Prospekt geduzt.

Die Idee, im gesetzten Alter eine Adler aus den 1950er-Jahren zu erwerben, kam ihm einfach so in den Kopf. Er dachte an einen Nachbarn, der diese Maschine fuhr. Wenn sie die Straße hochkam, erinnerte das Geräusch an eine Nähmaschine. Eben solch eine Adler sollte es sein! Auf einem Veteranenmarkt fand sich aber nichts Entsprechendes. Daraufhin sprach er einen Herrn an, der gerade alte BMWs vom Hänger lud. Der Angesprochene war wie vom Donner gerührt und berichtete, dass im Nachbarort ein rühriger Adler Club existiere – er könne ja mal seine Visitenkarte da lassen.

Tatsächlich meldete sich einige Tage später jemand aus dem Club und bot exakt das gewünschte Modell, frisch restauriert, zum Kauf an. Rasch wurde man sich handelseinig und nach Begleichung eines ordentlichen Kaufpreises ging's zur örtlichen Zulassungsstelle, die eine „böse" Überraschung parat hatte: Die Fahrgestellnummer der Maschine gehörte einer bereits zugelassenen, identischen Adler! Ratlosigkeit, was nun? Ein Telefonat mit dem Adler-Club brachte die Erkenntnis, dass dieses Fahrzeug ein Re-Import aus Dänemark war. Mithilfe zweier Zulassungsstellenleiter klärte man das Dilemma völlig unbürokratisch auf. Damals konnte es nämlich durchaus passieren, dass der Hersteller beim Export die Fahrgestellnummer doppelt vergab.

Unsere Maschine bekam höchst offiziell ein großes „A" hinter die Fahrgestellnummer eingeschlagen, somit war der Weg auf die Straße frei. Chapeau für die Herren der Zulassungsstellen!

NSU Max

Die ab 1952 angebotene NSU Max erfreute sich einer regen Nachfrage, beinahe 100 000 Stück konnten bis 1963 verkauft werden. Leistungsmäßig rangierte die Max an der Spitze der Motorräder, der Einzylinder-Viertaktmotor leistete in der Standard-Version bereits 17 PS, als Supermax sogar 18 PS und brachte Mann und Maschine auf knapp 130 km/h. Der Pressstahlrahmen war sicher nicht jedermanns Sache, das Zentralfederbein des Hinterrades wurde erst viel später wieder im Motorradbau verwendet und nennt sich heute Cantileverschwinge.

In den 1970er-Jahren wird eine gebrauchte NSU Max „zurecht gemacht". In diesen Jahren war eine Maschine aus den 50er-Jahren einfach nur ein älteres Motorrad, das man für kleines Geld erwerben konnte und nach eigenem Gutdünken gestaltete.

Kurz vor der Fertigstellung, die Farben stimmen nicht mit der Originallackierung überein, die verchromten Deckel des Batterie- und Werkzeugkastens ebenfalls nicht.

Zur restaurierten Max gesellte sich ein Steib LS 200 zum Freundschaftspreis von 8,50 DM.

Keineswegs ein Fall für den Schrott, sondern eine gute Restaurationsbasis, DKW 200 ccm aus dem 1930er-Jahren.

50 Jahre und ein Weltkrieg haben der DKW arg zugesetzt, nach der Restaurierung wird auch sie nicht wiederzuerkennen sein.

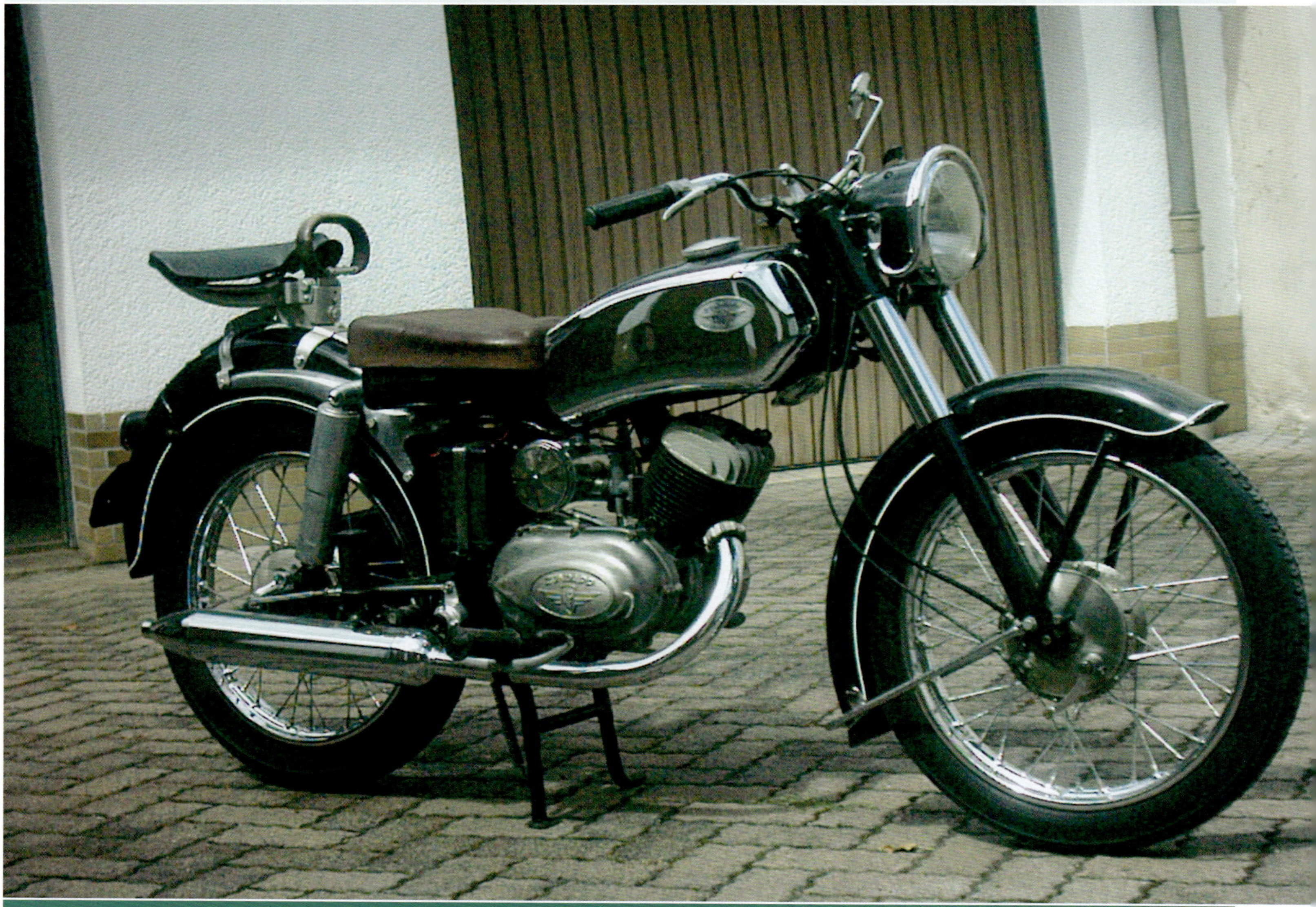

Der einzylindrige Zweitaktmotor dieser 1954er Zündapp Elastic leistet zwar nur rund 9 PS, die sind aber grundsolide und standfest. Die Bremsen wecken Vertrauen, die Vollfederung erlaubt es, auch größte Strecken bequem zu überwinden. Auch bei der 200er Zündapp fällt die gediegene Ausführung auf: Große Vollnabenbremsen, Vollfederung, blitzender Chrom und poliertes Aluminium strahlen um die Wette. Dabei fristete die Maschine jahrelang ihr Dasein im Schuppen eines Schrotthändlers. Immerhin gab es beim Kauf den originalen Kraftfahrzeugbrief mit nur einem eingetragenen Vorbesitzer dazu.

Die am besten verkauften Motorräder kamen von DKW, diese Maschine bekam der Autor geschenkt und nach einer Tankreinigung und der obligaten TÜV-Vorfahrt konnten ausgedehnte Touren unternommen werden.

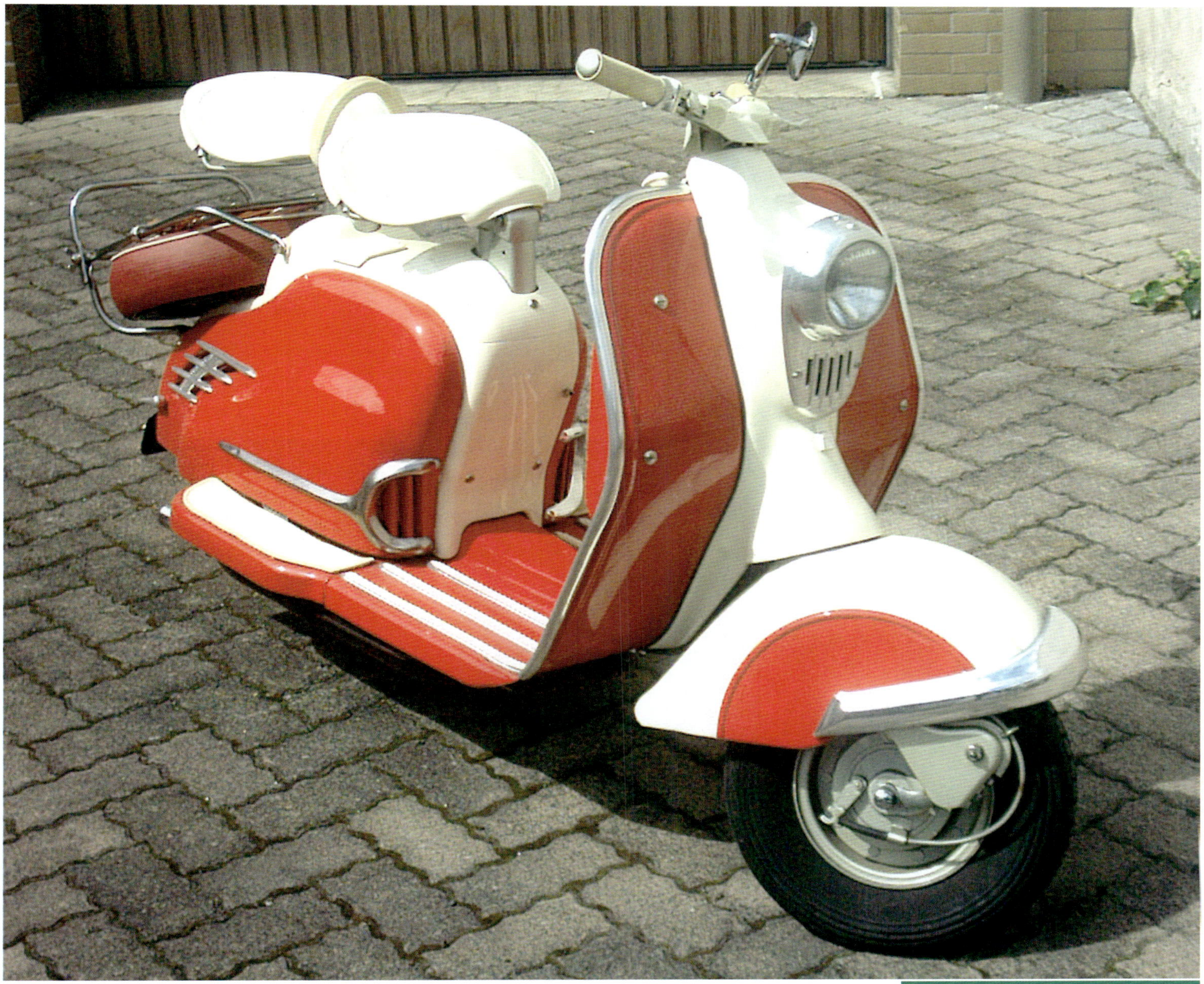

NSU Prima, bewährte Motorrad-
technik chic verpackt.

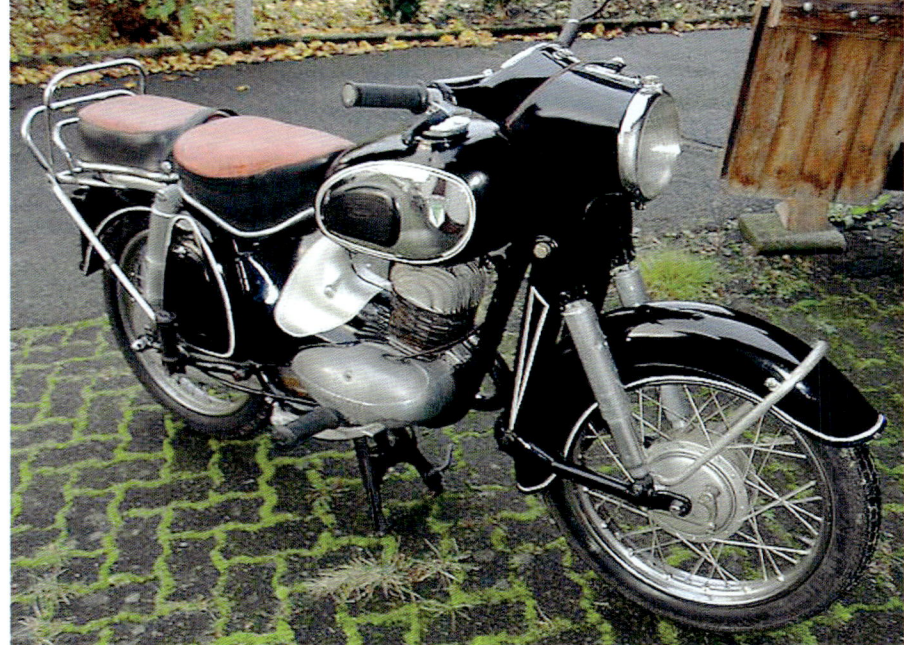

Restauriert wirkt diese DKW recht elegant.

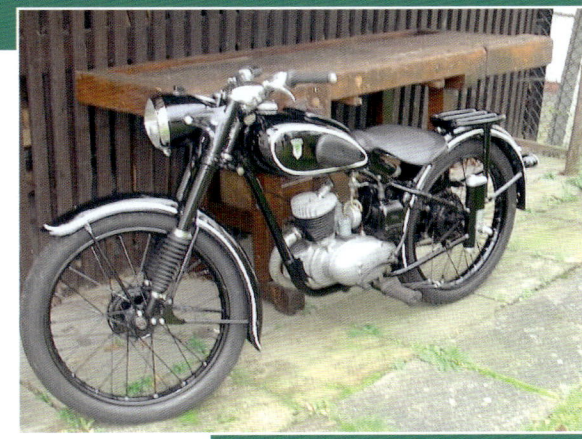

DKW 125: Das wohl meistgekaufte Brot-und-Butter-Motorrad der 1950er-Jahre. Ein günstiger Preis, niedrige Unterhaltskosten, eine robuste, zuverlässige Technik und ein vollgefederter Rahmen begünstigten den Verkaufserfolg.

Standard 500

Auch diese junge Dame aus gutem Haus strebte nach Mobilität. Da ein Auto in den 50er-Jahren im jungen Alter nicht erschwinglich war, machte sie den Motorradführerschein, wobei es genügte, in der Fahrprüfung ein paar Kreise mit dem selbst mitgebrachten Krad zu fahren.

Die 1937er Standard 500 wurde kurz nach der Währungsreform 1948 für sehr teure 500 DM auf Raten über 20–30 DM monatlich erworben.

Ein Verwandtschaftsbesuch 1953 in Meran. Diese junge Dame ist allein mit ihrer 500er Standard mal eben 700 Kilometer von Deutschland nach Südtirol über die Alpen gedonnert. Respekt!

Zündapp KS 601

Ende 1950 stellte Zündapp eine neue schwere Maschine mit Rohrrahmen und weiteren zahlreichen technischen und optischen Verbesserungen vor, die KS 601. Die Zündapp-Leute aus Nürnberg hofften damit ihrer BMW-Konkurrenz aus München Paroli bieten zu können. Mit ihrem kraftvollen 600-ccm-Boxermotor und 28 PS (Sport 34 PS) war die Maschine besonders für den Seitenwagenbetrieb geeignet.

Im Fahrbetrieb betört der unvergleichliche Klang des Motors, der durch die flachen Auspufftüten kaum in seiner Entfaltung gestört wird. Nähert sich gar ein Rudel „KSen" einem unbedarften Passanten, wird er an ein dumpfes Donnergrollen erinnert und beim Näherkommen glaubt er, ein Jagdflugzeug aus vergangenen Zeiten im Anflug zu hören. Der kraftvolle Motor sorgte im Zusammenwirken mit dem hervorragenden Fahrwerk dafür, dass die KS zahlreiche Wettbewerbe gewann.

Ein typisches Merkmal der KS war die häufig georderte, besondere, hellgrüne Farbe. In einem Testbericht einer Motorradzeitschrift fiel der Spitzname „Grüner Elefant", bis heute der Inbegriff für Zündapps KS 601. Und auch der Name des im tiefsten Winter stattfindenden „Elefantentreffens" geht auf die Zündapp zurück und hat sich erhalten.

Indes wirtschaftlich war die KS für den Hersteller kein Erfolg. Angesichts des damaligen Neupreises von über 3000 DM war ein schwachbrüstiger Kleinwagen, der mehr Komfort bot, erschwinglicher. Nach nur 5000 Exemplaren beendete das Werk etwa 1958 den Verkauf.

Der grüne Elefant in einer Originallackierung.

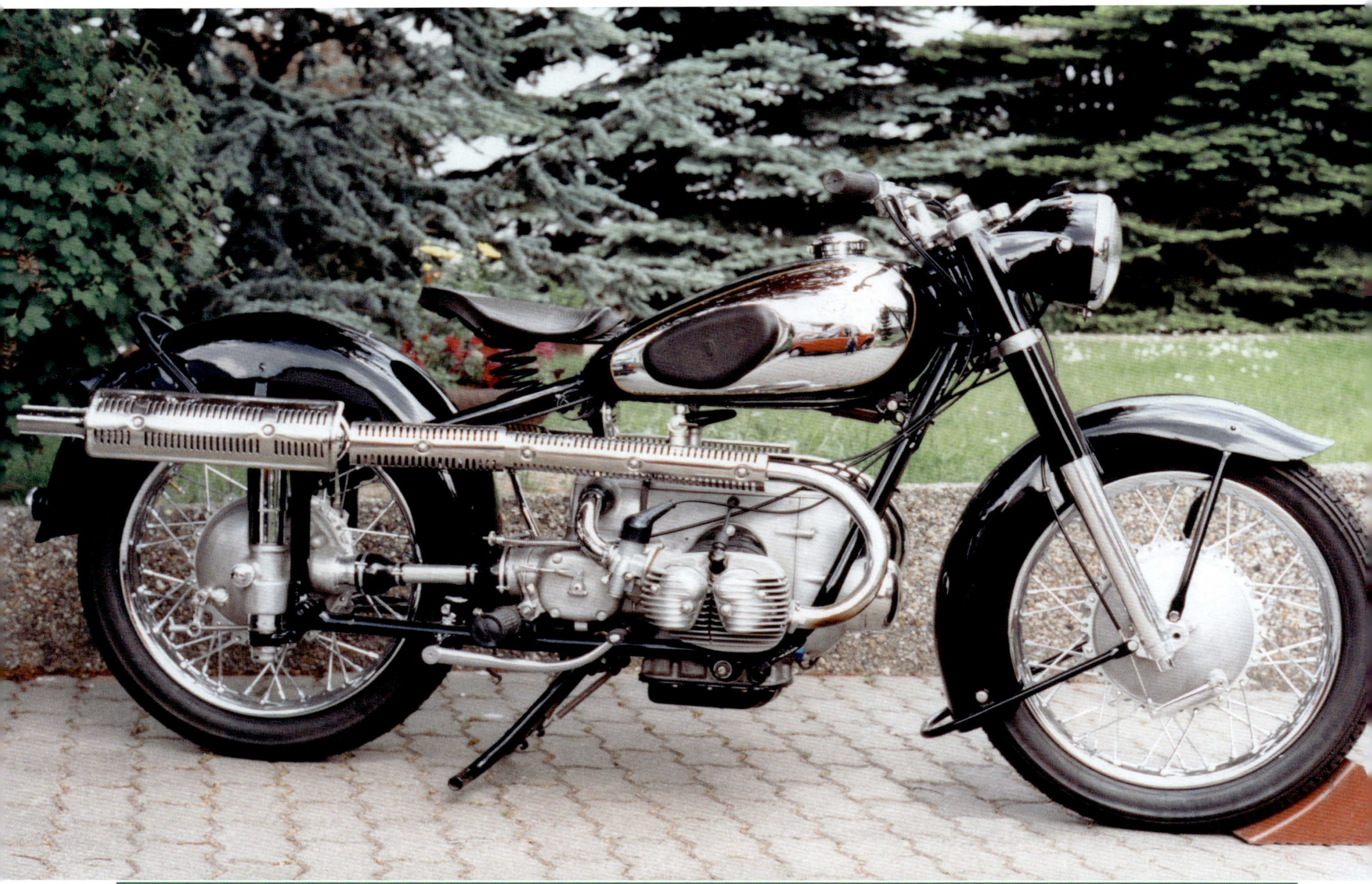

KS 601 Sport, hier mit hochgezogener Auspuffanlage.

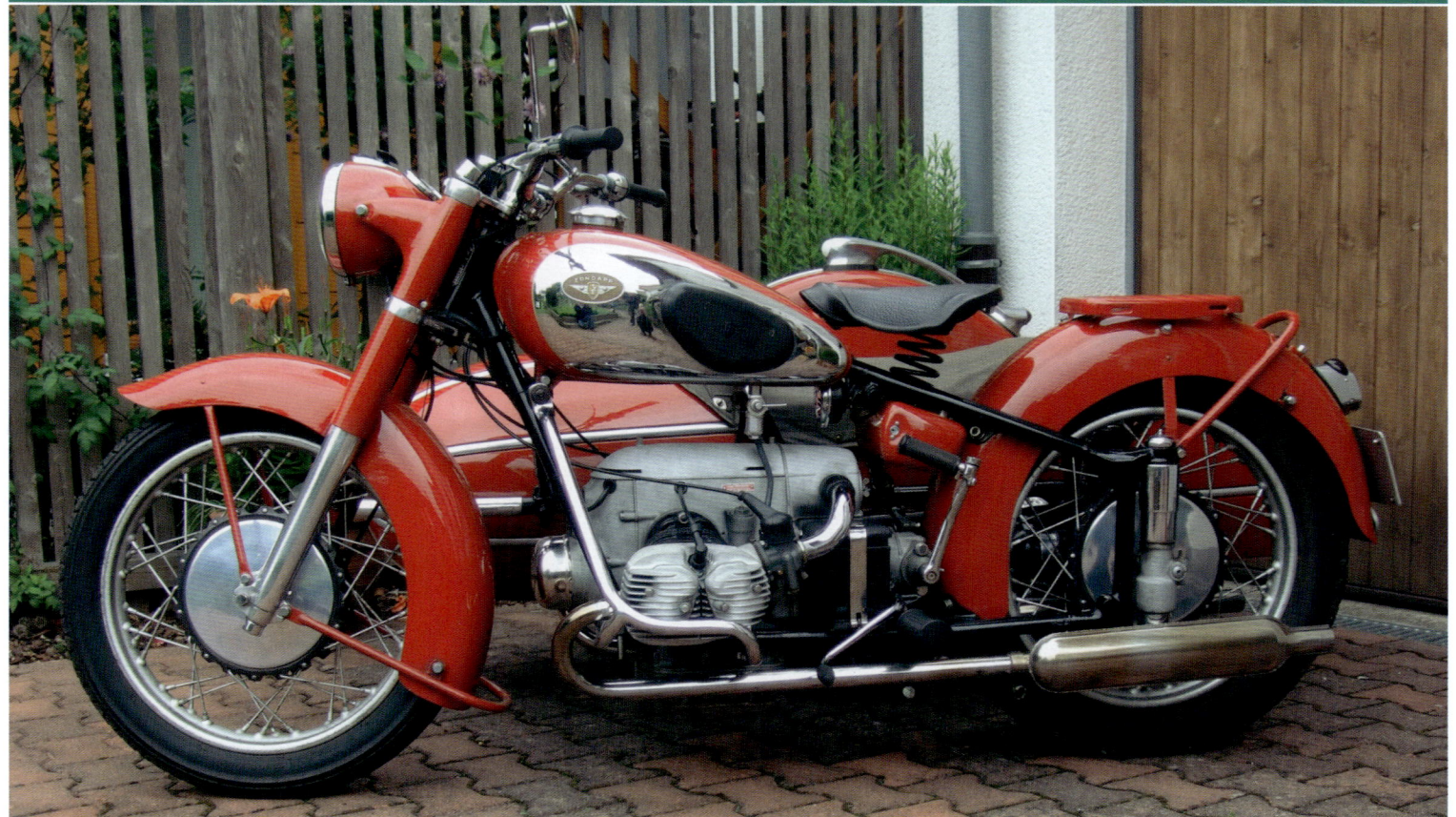

1951 war die KS 601 mit 34 PS die stärkste deutsche Serienmaschine.

Eine gesuchte Rarität

Was aber macht ein jahrelang begeisterter Beifahrer im Boot einer KS, der 25 Jahre nach Produktionseinstellung genau so eine Maschine besitzen muss und natürlich den dazu genau passenden Seitenwagen Steib S 500 braucht?

Geht nicht, gibt's nicht!

Eine komplette Maschine war nicht für Geld und gute Worte aufzutreiben, also wurden die Teile eben europaweit zusammengesucht. Der Rahmen fand sich in Belgien, ein paar Blechteile in Dänemark, der Motor in Holland, einiges rückten Clubkameraden heraus. Selbstredend befanden sich die Teile in mehr oder weniger beklagenswertem Zustand. Ein echter Glücksfall war die Beschaffung des raren Seitenwagens: Ein guter Freund hatte einen guten Freund und dieser gute Freund besaß einen guten Steib S 500 und das auch noch in der Heimatstadt zu einem guten Freundschaftspreis.

Geht doch!

KS 601 mit passendem Seitenwagen S 500 von Steib.

Nur eine Kleinigkeit

Nach der akribischen Restaurierung des Gespannes geht der Eigner auf große Fahrten, aber eine über 50 Jahre alte Maschine ist doch bei aller Sorgfalt bei der Aufarbeitung ein wenig anfällig. So fiel auf einer 600 Kilometer langen Fahrt nach knapp der Hälfte der Strecke die Lichtmaschine aus, zum Glück nicht auf kleinsten Landstraßen, sondern immerhin in einer Stadt. Auf der Suche nach einem elektronischen Messgerät wurde die Frage an einer Tankstelle abschlägig beschieden, sie würden nur Benzin und Tampons verkaufen. Mehr Glück ergab die Nachfrage in einer Autowerkstatt, hier ließ der freundliche Helfer angesichts der schönen, alten Maschine sofort alles stehen und liegen und stellte die nötigen Geräte zur Verfügung: Diagnose Totalschaden der Lichtmaschine, die immerhin fünf Jahrzehnte klaglos Strom geliefert hatte. Mit dem Taxi ging's zum Motorradzubehörhändler, eine kräftige Batterie gekauft, im Kofferraum des Seitenwagens untergebracht, noch ein paar behelfsmäßige Strippen ange-schlossen und weiter ging die große Fahrt bis Fahrer und Motorrad schließlich problemlos in der heimischen Garage eintrafen.

Als Fahrer eines Oldtimermotorrades weiß man sich schließlich zu helfen!

Eine neue Batterie, ein paar Strippen, ein wenig Klebeband und schon läuft das Gespann wieder.

Halbstarke

In Nietenhosen und schwarzen Lederjacken

Gegen Ende der 50er-Jahre fanden sich motorradbe-geisterte, meist junge Männer zusammen und fühlten sich in der Gruppe stark genug, um gegen Kleinbür-gerlichkeit und Spießertum aufzubegehren. Diese flugs „Halbstarke" genannten Banden waren meist in Nietenhosen und schwarzen Lederjacken gekleidet. Weitere Merkmale waren der in der Gesäßtasche steckende Plastikkamm, um die Haartolle in Form zu halten, und die Zigarettenkippe im Mundwinkel. Sie lungerten in ihrer Freizeit an ihren Lieblingsplätzen herum, aus dem Kofferradio mit Rock-'n'-Roll-Musik begleitet, oder machten mit ihren Maschinen die Stadt unsicher.

Als Vorbild diente der amerikanische Kultfilm „Der Wilde" aus dem Jahr 1953 mit Marlon Brando als Anführer einer Motorradgang, die tagelang eine Kleinstadt terrorisiert.

Zu handfesten Krawallen kam es in der Realität häufig, wenn die Halbstarken nach der aufputschen-den Wirkung durch Kinofilme oder Konzerte in großen Gruppen die Inneneinrichtung der Säle zerlegten oder pöbelnd durch die Straßen zogen.

Marlon Brando 1953 in „Der Wilde" mit dem gestohlenen Pokal eines Motorradrennens.

„Rowdies" mischen im Film „Der Wilde" eine amerikanische Kleinstadt auf.

Easy Rider

Ein weiterer amerikanischer Kultfilm kam 1969 auf die Leinwand der Kinos und wurde vom Publikum begeistert aufgenommen: Easy Rider. In dem eher schlicht ausgestatteten Film durchqueren Peter Fonda und Dennis Hopper Amerika mit ihren zu Choppern umgebauten 1950er Harley Davidsons mit Drogengeld im Tank. Immer wieder stoßen sie bei der ländlichen Bevölkerung mit ihrer Andersartigkeit auf Hass und Ablehnung. Sie landen wegen Nichtigkeiten im Gefängnis oder werden in Lokalen nicht bedient und aufgefordert, die Orte zu verlassen. Schließlich werden sie von einem Landarbeiter erschossen.

Inspiriert durch diesen Streifen, begannen viele Bastler ihre Motorräder umzubauen, um sich den Vorbildern anzunähern: Meterlange, schräg gestellte Gabeln fanden sich in umgeschweißten Rahmen wieder, der Vorderreifen wurde schlank und groß, der Hinterreifen fett und klein. Die Lenker wuchsen in den Himmel und verhinderten so die Achselschweißbildung beim Fahrer. Im Stand dienten sie noch als praktischer Kleiderständer.

Überflüssiges wie Vorderradschutzblech oder Vorderradbremse wurde einfach weggelassen. Der Sitz wanderte so weit wie möglich in die Nähe des Asphalts, der Fahrer befand sich Aug' in Aug' mit dem Kind auf dem soeben neu auf den Markt gekommenen Bobby Car (1972).

Am hinteren Ende ragte eine Rückenlehne für die Sozia heraus, die für Bequemlichkeit sorgte, aber im Falle eines Sturzes beim Absteigen hinderlich sein konnte.

Easy Rider

Dennis Hopper und Peter Fonda verkörpern in ihrem Roadmovie „Easy Rider" das neue Lebensgefühl der Freiheit einer ganzen Generation heranwachsender Motorradfahrer.

Die Harley Davidson Pan in einer Zwischenstufe zum echten Chopper.

Es ist geschafft: Die Pan kann mit den Film-
motorrädern aus „Easy Rider" mithalten.

Die jungen Wilden

Endlich 15!

Sich mit dem Fahrrad fortzubewegen oder Bahn und Bus zu benutzen, waren bis zum 15. Lebensjahr die einzigen Möglichkeiten, den eigenen Wirkungskreis zu erweitern. Selbstredend waren wir so gut trainiert, dass wir sogar Tagestouren bis 120 Kilometer mit dem Fahrrad bewältigen konnten. Ganz schön anstrengend war's dann aber doch.

Also musste ein Mofa her, und zwar ein richtiges, mit Gangschaltung. Automatik war nur was für Mädchen oder Weicheier und außerdem war die Automatik nicht sonderlich frisierfreundlich.

Das Solo Automatikmofa als wohlgemeintes Geburtstagsgeschenk wurde umgehend gegen ein Hercules mit Schaltgetriebe umgetauscht.

Die Zündapp Bergsteiger stand bereits werksseitig gut im Futter und verfügte über ein manuelles Schaltgetriebe mit zwei Gängen.

Nachdem das passende Mofa mit 2-Gang-Schaltung angeschafft worden und man mit müden 25 km/h vom Verkäufer nach Hause gezuckelt war, ging's am nächsten Tag gleich zum Zweiradhändler, um ein passendes Antriebsritzel zu kaufen und die Übersetzung zu ändern. Damit kam man bereits auf 35–40 km/h – schon besser, aber noch nicht genug.

Im schlimmsten Fall: Sicherstellung

Einige Kumpels hatten schon eine Lehre als Kraftfahrzeugschlosser begonnen und wussten Rat: Größerer Auspuffkrümmer, größerer Ansaugkrümmer und – klar – ein größerer Vergaser mussten her. Jetzt gab sich der Motor durchaus temperamentvoll und die Tachonadel zitterte um 65 km/h. Um die Sache zu vervollständigen, wurde anstelle des Sattels noch eine 2er-Sitzbank nebst Fußrasten montiert. Die Freundin sollte schließlich nicht auf dem Gepäckträger sitzen!

Rundum zufrieden konnte der junge Wilde nun durch die Gegend brettern. Die Sozia war's auch und saß bequem. Die Begeisterung über die Leistungsfähigkeit des Mofas teilten indes nicht alle Personenkreise. Jedes Mal – wirklich jedes Mal – wenn die Polizei im Rückspiegel auftauchte, war klar: Das war's erst mal. „Guten Tag, Verkehrskontrolle …"

Wenn man Glück hatte, gab es nur eine Mängelanzeige, das Mofa musste in den Werkzustand zurückgebaut und auf dem Revier vorgeführt werden. Wenn man Pech hatte, wurde ein Verwarnungsgeld auferlegt oder die schlimmste Maßnahme ausgesprochen: Sicherstellung. Jetzt hatte man nicht nur erst mal kein Mofa mehr, sondern musste auch bei den Eltern beichten und diese bitten, mit auf das Polizeirevier zu kommen. Erst wenn die Maschine an einen Erziehungsberechtigten übergeben worden war, durfte sie unter den strengen Blicken der Polizisten und des Vaters nach Hause geschoben werden.

Nachdem etwas Gras über die Sache gewachsen war, wurden die „guten" Teile selbstredend wieder eingebaut und das Spiel begann von vorn. Sage und schreibe 13 Mängelanzeigen und zwei Sicherstellungen innerhalb weniger Monate sind nicht leicht zu überbieten!

Milchbubis und Windgesichter

Beliebt und gut besucht waren Motorradtreffen am Sonntagvormittag, hier tauschten sich die Fahrensleute in lockerer Atmosphäre über technische Details ihrer Maschinen aus oder gaben Tipps über besonders schöne Ausflugsrouten. Häufig starteten anschließend bunt zusammengewürfelte Haufen zu einer Sonntagstour.

Wir trauten uns sogar mit unseren Mofas auch zum Treffen, aber selbstverständlich stellten wir unsere Maschinchen in einiger respektvoller Entfernung ab, um dann die richtigen Motorräder zu bestaunen. Wir bewunderten die schweren Maschinen, fragten, bohrten, löcherten die Fahrer, um die Geheimnisse ihrer Zwei- oder Dreiräder zu lüften. Das erstaunlichste für uns Milchbubis aber war: Die Windgesichter nahmen uns ernst!

Und was für Markennamen an den Tanks standen, von vielen hatten wir im zarten Alter von 15 Jahren noch kaum etwas gehört: Norton, Triumph, Benelli, Ducati, MV Agusta, Matchless, Horex. Und dann stand eines Sonntags ein Motorrad mit einem markanten Doppelscheinwerfer auf dem Platz: eine leibhaftige Münch 4!

Kreidler Flory, immerhin mit Zwei-Gang-Automatik-Getriebe.

Vespa Bravo in zeitgenössischen Creme-21-Orange.

Velo Solex mit Frontantrieb und Reibrolle auf dem Pneu – französischer Minimalismus.

23

Kleinkrafträder

Der Lappen

Mit dem Erreichen des 16. Lebensjahres war es das allerwichtigste, den Führerschein der Klasse 4 für Kleinkrafträder bis 50 ccm oder eben auch Traktoren zu erlangen. Wenn man auch sonst mit irgendwelchem Papierkram nichts zu tun haben wollte – der Antrag auf die Prüfung wurde so früh wie möglich gestellt. Mit etwas Glück lag der Führerscheinprüfungstermin – auf den man sich akribisch, vielleicht sogar in einer Fahrschule, vorbereitet hatte – sehr nahe nach dem 16. Geburtstag. Häufig wurde der Tag der Prüfung geheim gehalten, da ein Durchfallen zu den größtmöglichen Peinlichkeiten für uns Halbwüchsige gehörte. Mit dem überaus begehrten „Lappen" stand uns die Welt offen.

Lange, lange vor dem Tag der Führerscheinprüfung waren leidenschaftliche Diskussionen im Freundeskreis über das persönlich bevorzugte Kleinkraftradmodell geführt worden: Zündapp? Kreidler? Puch? Hercules? Gussrahmen/Pressstahl oder einen Rohrrahmen, wie ihn die Hercules besaß, ganz so wie ein richtiges Motorrad? Schwinge oder Teleskopgabel? Schlussendlich fanden sich in der Clique, einträchtig nebeneinander, ein bunter Querschnitt von Maschinen der namhaften Hersteller.

Offiziell hatten die Kleinkrafträder die gleiche Leistung: Anfang der 70er waren es 5,3 PS, später 6,25 PS. Nur Garelli gab selbstbewusste 6,5 PS an. Eine Überlegenheit der Leistung war indes nicht spürbar. Zudem war die Garelli verpönt, da sie über ein Versandhaus vertrieben wurde.

Diese Zündapp gab es in den 70er-Jahren günstig gebraucht zu kaufen, der gebläsegekühlte Motor galt eher als unsportlich.

Das war die richtige Maschine für 16-jährige böse Buben:
Die Hercules RX in schwarz und Chrom.

Junge Frauen mit eigenem Kleinkraftrad, hier eine Kreidler RS, waren damals noch extrem selten.

Unterwegs

Endlich konnten unbekannte, weit entferntere Ziele erreicht werden! Am Wochenende zog die Meute auf ausgedehnten Tagestouren, wobei bis zu 250 km zurückgelegt wurden, durchs Land.

Besonders wagemutige 16-Jährige planten lange Urlaubsreisen, so z. B. einen 14-tägigen Urlaub an die Nord- und Ostseeküste, wobei sich meist zwei zusammentaten. Bei einer solchen Tour ging es auf direktem Weg über die Autobahn: Stunde um Stunde über Hunderte Kilometer, beladen mit Sack und Pack zogen wir mit Vollgas über die Piste. Während die winzigen Motoren die Tortur klaglos aushielten, erreichten die Fahrer mit von Dieselruß und Straßenstaub geschwärzten Gesichtern und schmerzendem Hinterteil, aber stolz und glücklich ihr Ziel. Heute unvorstellbar …

Versicherungsprämie

Durch die zunehmende Leistung und größerer Verbreitung der Kleinkrafträder nahm auch die Zahl der Unfälle und somit der beanspruchten Versicherungsleistung zu. Das hatte zur Folge, dass die Versicherungsprämien stiegen, und zwar saftig!

Aus den ursprünglich geforderten 150 DM für die gesetzlich vorgeschriebene Haftpflichtversicherung wurden binnen kürzester Zeit bis zu 1000 DM und das verkraftete kaum ein Schüler- oder Lehrlingssalär. Aber die Jungs und auch ein paar Mädels wussten sich zu helfen: Flugs wurde ein annähernd baugleiches Mokick beschafft und die kleinkraftrelevanten Teile wie Motor und Bremsen umgebaut.

Für bescheidene 80,- DM erwarb man ein „kleines" Versicherungskennzeichen und war alle (Versicherungs-)Sorgen los – zumindest temporär. Die Polizei war schließlich auch nicht auf den Kopf gefallen und bemerkte die weitgefächerten Aluminiumkühlrippen des starken Zylinders, der eindeutig nicht zu einem Mokick für 40 km/h mit kleinem Gussstahlzylinder gehörte. Also wieder das gleiche Spiel: Verkehrskontrolle – Mängelanzeige – Sicherstellung.

Was nun?

Manch findiger junger Schrauber ersann eine Lösung, die sich verblüffend einfach darstellte: Wenn es denn ein kleiner unauffälliger Gussstahlzylinder sein musste, konnte man doch zu einem antiquierten Motorradmotor mit 100 ccm statt 50 ccm und Handschaltung greifen, die lagen schließlich in großer Zahl auf den Schrottplätzen herum.

Jetzt hatte man ein unauffälliges „Mokick", wie es die Polizisten sehen wollten, 3-Gang-Handschaltung und einen recht kleinen Zylinder. Dass in dem „Ding" aber (nach einigen kleinen Verbesserungen) 7–8 PS bereitstanden, die gut für 90 km/h waren, konnten die unbedarften Beamten doch nicht ahnen. Überliefert ist, dass ein solcher Umbau alle Polizeikontrollen schadlos überstanden hat.

Die Kreidler als „RM", ein Mokick, das vom Kleinkraftrad kaum zu unterscheiden war und so eine gute Basis für den unauffälligen Einbau des 6,25 PS starken Motors bot.

Umbau eines Kreidler Mokicks mit verchromten NSU Fox Tank, Zündapp Vorderradkotflügel und hinten mit Kreidler RS Vorderradschutzblech. Selbstverständlich mit Mokick Kennzeichen und dem guten Kleinkraftradmotor.

Ebenfalls sehr gut zum Umbauen geeignet: die Zündapp DTS 50. Der Auspufftrichter machte was her und war im Wesentlichen nur widerlich laut. Man wollte schließlich auffallen.

Dieser Wheelie ging natürlich nur mit ausreichender Leistung. Die Dynamik der Fuhre führte zwangsläufig zur Unschärfe.

Honda Gold Wing

Das Dickschiff erschien 1974 in Deutschland und brachte satte 290 kg auf die Waage. Der Hersteller Honda bewarb das neue Modell als „Sporttourer" und lag mit dieser Bezeichnung schlicht daneben.

Die eigentlichen Qualitäten der Gold Wing erlebten die Fahrer auf langen Strecken und schätzten die außerordentliche Haltbarkeit des Materials.
Der Tankinhalt beträgt 19 Liter und ist im Rahmendreieck untergebracht, um einen niedrigeren Schwerpunkt zu erreichen. Er ist damit arg klein, denn spätestens nach etwa 250 km musste nachgetankt werden. An der sonst üblichen Stelle für den Kraftstoffbehälter des Motorrades befindet sich nur eine Tankattrappe, die die Bordelektrik und das (sehr selten benötigte) Werkzeug birgt.

Die Gold Wing debütierte zunächst mit 1000 ccm, vier Zylindern und einer Leistung von 82 PS, die die Maschine auf über 200 km/h beschleunigen konnten. Das dürften aber nur sehr beherzte Fahrer gewagt haben: Das werkseitige Fahrwerk der Maschine war in puncto Dämpfung, Stabilität der Vordergabel, der hinteren Schwinge und der serienmäßigen Bereifung den Möglichkeiten des Motors weit unterlegen.

Über die Jahre entwickelte sich die Gold Wing zum Luxusmotorrad. Diese 1100er verfügt bereits über eine Vollverkleidung, eine bequeme Stufensitzbank und den obligaten vollständigen Koffersatz für die lange Reise. Es stammt aus dem Jahr 1982, die Lackierung ist nicht original.
Die Motorradfreunde spalten sich angesichts der großen Masse des Motorrades in zwei Lager: schroffe Ablehnung oder schiere Begeisterung. Die Gold-Wing-Gemeinde ist ähnlich eingeschworen wie die Harley-Davidson-Fans – beide sind in zahlreichen Clubs vertreten.

Die Münch 4 – ein Quantensprung

Friedel Münch

Als Friedel Münch 1941 seine Ausbildung zum Kraftfahrzeugschlosser begann, fiel dessen besondere Begabung auf und er erhielt eine staatliche finanzielle Förderung.

Nach Kriegsende führte Münch eine kleine Werkstatt, in der er hauptsächlich Motorräder instandsetzte. Neben seiner Arbeit bildete er sich zum Maschinenbauer und Elektroniker weiter. Friedel Münch widmete sich der Optimierung von Horex-Motorrädern und bestritt durchaus erfolgreich Rennen mit seiner Spezial-Horex, bis ein Sturz seine kurze Karriere auf der Piste beendete. Fortan befasste er sich auf der Basis von Horex-Triebwerken mit dem Bau von Rennmotoren.

Er war ein echter Tüftler und folgte dem Motto: „Geht nicht, gibt's nicht!" Wenn es etwas nicht gab, stellte er es eben selbst her und wenn er dafür ganze Nächte in seiner Werkstatt verbringen musste.

Friedel Münch restauriert nach 25 Jahren die Münch 4 mit der Fahrgestellnummer 001.

Eine TTS im Winter 1972 auf dem Nürburgring beim „Elefantentreffen". Die Brust des linken Motorradfahrers ist dekoriert mit den zahlreichen Anstecknadeln der vielen besuchten Motorradtreffen. Der Fahrer in der Mitte trägt die für die 1970er-Jahre typische schwarze Lederkombi.

Duplex-Bremse

Mit den Jahren war die Leistungsfähigkeit der Rennmotoren der Leistungsfähigkeit der Bremsen stark überlegen. Hier schuf Friedel Münch eine extrem effektive Vorderradbremse, die auch in andere Maschinen eingebaut werden konnte. Die Nabe bestand aus dem sehr leichten Werkstoff Elektron, die eigentliche Bremsfläche aus einem eingeschrumpften Stahlring. Eine Lufthutze ließ den Fahrtwind durch die Bremse strömen und leitete die Wärme ab. Mit einem Durchmesser von 250 mm und ihrem geringen Gewicht wurde die Münch-Duplex-Bremse zum Maß aller Dinge. Überflügelt wurde sie erst durch die Einführung der Scheibenbremse, die bis heute Gültigkeit hat.

Die mächtige Münch-Rennbremse mit der markanten Lufthutze.

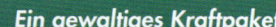

Ein gewaltiges Kraftpaket.

Die Daytona Münch kehrt nach 25 Jahren nach Deutschland zurück.

Die neuen Boxer von BMW

Stocksolider Motor

BMW hatte sein Programm mit der Einführung der 5er-Reihe Ende der 1960er-Jahre modernisiert. Die Maschinen waren nun nicht mehr überwiegend schwarz, sondern auch in weiß, silber und anderen Metalliclacken waren lieferbar. Das Design konnte man für den eher etwas konservativen Hersteller als fortschrittlich bezeichnen.

Die neue 5er-Reihe war eine vollständige Neuentwicklung und ersetzte die bisherigen Modelle. Die Spitze markierte die 75/5 mit 50 PS und einem Gewicht von nur rund 200 kg. Sie war für sportlich orientierte Fahrer die erste Wahl, aber leider auch nicht mehr seitenwagentauglich.

Die nächste Entwicklungsstufe zeigt die 75/6, jetzt mit Scheibenbremse im Vorderrad. Endlich gibt es fünf Fahrstufen und einen längeren Radstand für ein verbessertes Fahrverhalten bei hohen Geschwindigkeiten. Das Spitzenmodell R 90 S leistet 67 PS, das Topmodell R 100 RS ab 1976 sogar 70 PS.

Bei der Technik blieb man zurückhaltend: Nach wie vor werkelte ein luftgekühlter Boxermotor mit Kardanwellenantrieb im stabilen Rahmen. Der Motor war stocksolide gebaut und verzichtete auf technischen Schnick-Schnack, der stärkste Motor leistete nach wie vor 50 PS. Bei guter Wartung dankte das Aggregat mit Laufleistungen bis jenseits der 200 000-km-Marke. Das stabile und sorgfältig konstruierte Fahrwerk war somit der angebotenen Leistung überlegen und damit „schneller" als der Motor.

R 90 S, 900 ccm, 67 PS in typischer Lackierung und Ausstattung.

R 75/5 mit zeittypischen Veränderungen, wie Hochlenker, weiß-roten Kniekissen und Sitzbank.

„Moderne Zeiten": Hier kommt bereits die Einarmschwinge zum Einsatz.

R 80 mit modernen Gussrädern, aber wieder mit den früheren, schönen Ventildeckeln.

R 80/7 mit komplettem Werks-Tourenpaket. Laufleistung 135 000 km, originaler, unrestaurierter Zustand.

Die Japaner kommen, und wie!

Bis Ende der 60er-Jahre kopierten die Söhne Nippons vorzugsweise englische und deutsche Motorräder mit sehr gutem Erfolg für den einheimischen und asiatischen Raum.

Doch dann brachte Honda 1969 die CB 750 mit sagenhaften 67 PS auf den amerikanischen und den europäischen Markt. 750 ccm und 67 PS bei 8000 u/min. Das waren zum damaligen Zeitpunkt beinahe Rennmaschinenwerte! Und das soll sich im Alltag bewähren? Die Skepsis war riesengroß, die Praxis bewies das Gegenteil: Die CB 750 hielt! Was für ein Meisterwerk der Motorenbaukunst, was für ein Sound!

Honda 500 four, seinerzeit heiß begehrt, heute Kultobjekt.

Honda 125 Scrambler, für viele das Einsteigermotorrad in den 70ern.

Eine Nummer kleiner als die 750er, aber genauso attraktiv, die Honda 500 four.

Allein das Fahrwerk konnte mit der unbändigen Kraft des Triebwerks zunächst lange nicht mithalten. Schlabberige Gabeln, unexakte Schwinglager, völlig überforderte Stoßdämpfer und fragwürdige Reifenqualität ließen den kühnen CB-750-Reiter im früh erreichten Grenzbereich erst das Blut in den Adern gefrieren und dann den Gashahn zudrosseln.

Findige Tüftler konnten jedoch die Schwächen des Fahrwerks rasch lindern: Die Haftung, besonders auf nasser Fahrbahn, verbesserte sich gewaltig durch die Umrüstung auf bewährte Markenreifen.

Dem Aufschaukeln des Fahrwerks wurde durch den Einbau strafferer Stoßdämpfer begegnet. Endgültig Ruhe gab die Kiste durch den Wechsel der serienmäßig verschleißempfindlichen Schwinglagerbuchsen durch oft selbstgefertigte Schwinglager aus Metall. Namhafte Tuner fertigten gar einen komplett neuen Rahmen, der der Motorleistung Paroli bieten konnte.

Die Konkurrenz hat
nicht geschlafen:
Kawasaki Z 1000.

Die Z 1000 war und
ist für Langstrecken
um Klassen besser
geeignet als die H 2.

Auf Wanderschaft

Auch in den 1970er-Jahren wurde es in vielen Betrieben gern gesehen, wenn die jungen Gesellen auf Wanderschaft gingen, in anderen Betrieben ihre Fähigkeiten erweiterten und neue Erfahrungen sammelten. Für den Junggesellen, von dem hier die Rede sein soll, gab es freie Kost und Logis, ein wenig Benzingeld und in Bayern sogar kostenlos Bier.

Für die Überbrückung der großen Distanzen musste eine für diese Aufgabe denkbar ungeeignete Kawasaki H 2 herhalten. Die H2 ist eher ein Kurzstreckensprinter als ein Langläufer, irre schnell (über 200 km/h, lang liegend zeigte der Tacho sogar 240 km/h an), aber als Dreizylinder Zweitakter auch überaus durstig. Bei Vollgas flossen auf 100 km bis zu 18 Liter des teuren Benzin/Ölgemischs durch die drei Vergaser und das bei einem Tankvolumen von nur 17 Litern. In der Folge kannte unser gern sehr schnell fahrender Protagonist entlang der Autobahn bald jeden Tankwart mit Vornamen. Die mögliche Durchschnittsgeschwindigkeit erwies sich durch die häufigen Tankstopps als eher mäßig.

Auch um die Haltbarkeit der Maschine bei Dauerhöchstbelastung war es eher unterdurchschnittlich bestellt. Da löste sich schon mal eine Mutter der Motorhalterung, den verbliebenen Bolzen zog es seiner verlorenen Mutter hinterher. Auch andere Einzelteile der „Kawa" ergriffen bei hohen Geschwindigkeiten und feinen Vibrationen die Flucht. Selbst ein zusätzlich angebundener Seitendeckel suchte das Weite. Eine defekte Zylinderfußdichtung schränkte zwar die Leistung des 74 PS starken Triebwerks ein, mit den verbliebenen Pferdestärken kam man trotzdem ans Ziel.

Endlich angekommen, gab es fürs Motorrad eine neue Fußdichtung, die Fußbekleidung des Fahrers verlangte ebenfalls Ersatz, da das Leder und die Nähte angesichts des aufgebrachten Benzin-Öl-Gemischs aus der undichten Stelle des Motors massive Auflösungserscheinungen zeigten und einen für Schuhe ungewöhnlichen und nicht minder befremdlichen Geruch verbreiteten.

Der allwöchentlich aufgesuchte Kawasaki-Händler rollte schon beim Betreten des Ladens die Augen und seufzte nach Vorlage der Bestellliste für die diesmal benötigten Ersatzteile: „Ihr macht's mi noch narrisch!" Der Empfehlung des freundlichen Händlers, sich vielleicht mal eine langstreckentauglichere Kawasaki Z 1000 genauer anzusehen, wurde Folge geleistet und bei nächster Gelegenheit diese Maschine erworben.

Kawasaki H2, 750 ccm, 72 PS, 3-Zylinder-2-Takt und überaus versoffen.

Motorräder mit Seitenwagen

Mehr Platz

Solo-Motorräder bieten in ihrer einspurigen Ausführung nur wenig Raum
für Gepäck. Durch den Anbau eines
Seitenwagens vervielfacht sich die
Möglichkeit Gepäck, andere Lasten
oder eine dritte Person zu befördern.
Für Gewerbetreibende bot sich ein
offener oder geschlossener Lastenseitenwagen an.

*ADAC-Straßenwachtgespann mit
Lastenseitenwagen, dem kompletten
Werkzeugsatz und Funkgerät.*

*Der Seitenwagen
Steib LS 200 ist für
Menschen ab 1,80
Meter etwas knapp
geschnitten.*

Simson und die Vogelserie

Simson Schwalbe

Die Simson Schwalbe wurde ab 1964 gebaut und durchgehend mit laufenden Verbesserungen bis 1986 produziert. In der DDR erfreute sie sich großer Beliebtheit. Über eine Million Fahrzeuge fanden einen Käufer.

Besonders die ab 1980 bis zum Produktionsende hergestellte KR 51/2 mit 3,7 PS starkem, fahrtwindgekühltem, überarbeitetem Motor war so fortschrittlich hinsichtlich des Komforts, der Leistungsfähigkeit, der Langlebigkeit und des Kraftstoffverbrauchs, dass sie heute noch mit aktuellen 50-ccm-Maschinen mithalten kann.

Um den Erhalt der Maschinen aus Suhl kümmern sich rührige Enthusiasten, die sich heute vielerorts zu Clubs zusammengeschlossen haben.

Wer denkt, es gäbe in Zeiten des Internets und der Computerspiele keine Nachwuchs-Schrauber mehr, irrt gewaltig. Die Simson SR 2 E, Baujahr 1961, wurde aus einem mit Ofenfarbe gestrichenen Wrack aus einer Scheune von einem 17-Jährigen restauriert. Sogar die Lackierung hat er selbst vorgenommen, bei der Elektrik half der Vater. Das Ergebnis kann sich sehen lassen!

Das Erstlingswerk eines 17-jährigen kann sich sehen lassen.

So oder so ähnlich darf man sich die Maschinen beim Fund vorstellen, bevor geschickte und ausdauernde Hände sich dieses Wracks annehmen.

So schön kommt eine Simson wieder gern auf die Straße.

Freiheit für Gehbehinderte: das Duo

Die Firma Krause in Leipzig (später VEB) fertigte dieses spezielle Dreirad ursprünglich für Gehbehinderte an. Augenfällig sind die vielen Gleichteile mit der Simson Schwalbe, selbst der Motor mit der Automatik-Kupplung entspricht weitestgehend dem Spendermodell. Mit 3,6 PS erreicht das Duo immerhin bis zu 60 km/h.

Mittlerweile gibt es sogar Rennveranstaltungen für diese urigen Geräte und gut erhaltene Exemplare sind rar und entsprechend teuer.

Dies Duo wartet noch auf den Prinzen, der es wach küsst. Der harte Arbeitsalltag hat deutliche Spuren hinterlassen, mit einem Döschen Lack und einem Klaps aus den Hintern ist es nicht getan.

Piekfein restauriert, als käme sie eben frisch aus dem Laden gerollt.

Umbauten

Die Gummikuh auf Dauerdiät

„GS" steht für ein geländetaugliches Motorrad, das für die normale Straße und die Reise geeignet ist. Der 800-ccm-Boxermotor leistet 50 PS und ermöglicht eine Höchstgeschwindigkeit von knapp 170 km/h. Es wurde von BMW eine Doppelgelenkschwinge verbaut, die den „Gummikuh"-Effekt, ein Aufstellen oder Absacken des Hecks bei Lastwechseln, verhindert.

Diese BMW R 80 GS stand jahrelang unbeachtet hinter einer Garage auf dem Hof im Freien. Moos hatte sich bereits auf der von Sonne und Regen geplagten Sitzbank ausgebreitet.

Nachdem die GS geborgen worden war, ging es ihr schnell besser. Sie wurde flugs in ihre Einzelteile zerlegt, rostige Teile kamen zum Sandstrahlen, wurden pulverbeschichtet oder lackiert. Unbrauchbare Teile flogen in den Müll und wurden durch gänzlich andere ersetzt, wobei der Erbauer in seiner Fantasie nur die Grenzen eines wohlwollenden TÜV-Ingenieurs ausloten musste.

Nach dem radikalen Umbau zeigt sich die GS rank und schlank.

So finden sich heute unter den originalen Zylinderköpfen Zylinder mit 1000 ccm anstatt 800 ccm, die Leistung stieg auf etwa 60 PS. Im Zusammenspiel mit dem Motto „Abbauen, was abzubauen geht", die Maschine so leicht und puristisch wie möglich zu gestalten, darf man bei dieser eigentlich recht betagten Maschine von sehr ordentlichen Fahrleistungen ausgehen: Die BMW magerte von rund 220 kg auf 180 kg ab. Endlich mal eine Diät, die dauerhaft Bestand hat!

Bis zum erneuten Einsatz auf der Straße vergingen „nur" neun Monate intensiver Feierabendarbeit.

Kawasaki Z1000 nach dem Umbau. Die Auspuffanlage wurde selbst gebaut.
Als Werkstoff dienten einfache Stahlrohre.

Wie die Jungfrau zum Kinde

Um dem Konkurrenten Honda mit seinen vierzylindrigen Erfolgsmodellen etwas entgegenzusetzen, ersannen die Kawasaki-Ingenieure Anfang der 1970er-Jahre die Z1/900, aus der wiederum die Z 1000 entstand. Die Z 1000 aus dem Jahr 1978 leistet 83 PS.

So begab es sich auf dem Messestand eines Kawasaki-Clubs: Schrauber haben nun mal Vorurteile gegenüber unbedarften Besuchern und dabei schon die ein oder andere Erfahrung gemacht. Die Kommentare reichen von: „Die sehen ja noch toll aus, eure Motorräder." bis „Was war denn nötig, um die Maschinen so in Ordnung zu bringen?" über „Ein Döschen Lack, 'ne neue Batterie, einmal in die Reifen husten und einen Klaps auf den Hintern und schon stehen sie chromblitzend in voller Pracht im Scheinwerferlicht?" Die Schraubergemeinde konnte es nicht mehr hören und arrangierte einen Scheunenfund. Im Mittelpunkt stand eine abgehalfterte Z 1000 in beklagenswertem Zustand, zusätzlich dekoriert mit den obligaten Strohballen.

Man half sich selbstverständlich gegenseitig beim Abtransport der Dekorations Z 1000, als jemand den spontanen Entschluss fasste, eben diesen Haufen Schrott besitzen zu wollen – er weiß bis heute nicht, was ihn da geritten hat. Und um noch eins drauf zu setzen, ließ er verlauten: „Die habe ich nächstes Jahr zur Ausstellung fertig." Gesagt ist gesagt!

Verschärfend kam hinzu, dass von Anfang an klar war, dass diese Maschine völlig anders aufgebaut werden sollte, als das Original. Der Termin konnte gerade so eben durch den Einschub einer erheblichen Anzahl von Nachtschichten eingehalten werden … Aber gesagt ist nun mal gesagt!

Die fertige Maschine überzeugte auch unbedarfte Betrachter. Wie sollte es sonst zu jener mit Kopfschütteln begleiteten Bemerkung zur selbst konstruierten Auspuffanlage kommen: „Um so was zu bauen, muss man schon ziemlich irre sein." Ein schönes Lob für vier Wochen Arbeit.

Wo immer möglich, wurde auch bei der Z 1000 Gewicht gespart: minimal kleine Blinker, minimal kleine Lampe, minimal kleine Spiegel.

Hier war ein echter Könner am Werk, der den filigranen Aufbau der Auspuffkrümmer selbst konstruiert und gebaut hat. Diese Leistung ist über jede Kritik erhaben.

Funbikes

Im Zuge des Erfolgs der Big-Bikes in Amerika und Europas boten die Hersteller Funbikes, Spaßmotorräder, an, die man prima am Strand, im Gelände und im Urlaub für kürzere Strecken nutzen konnte. Auf weichem Untergrund halfen die Ballonreifen im Breitformat 4.00 x 14, die dem Gefährt auch optisch gut standen. Gern gekauft wurde eine solche Suzuki von Wohnmobilbesitzern und kurzerhand mit einer Halterung am Heck des mobilen Heims befestigt.

Ursprünglich wurde das Funbike Suzuki RV 125 1977 von einem Einzylinder-Zweitaktmotor mit einer Leistung von gut 9 PS befeuert. Je nach Gewicht und Luftwiderstandsbeiwert des Fahrers waren rund 90 km/h zu erreichen. Leider erwies sich der kleine Zweitakter als nicht besonders standfest und war irreparabel verschlissen. Zum Glück fand sich in der Garage noch ein gut erhaltener, ebenfalls 125 ccm großer Motor von Honda. Der Hubraum war allerdings so ziemlich die einzige Gemeinsamkeit der kleinen Triebwerke: Der Hondamotor arbeitet viertaktend mit zwei Zylindern, zwei Vergasern, zwei Auspuffrohren und leistet satte 18 PS bei sagenhaften 12.000 u/min.

Die Anpassung an den Rahmen der Suzuki übernahmen zwei eigens angefertigte Adapterplatten, die aus Aluminium-Rohmaterial herausgeschnitten wurden, eine zusätzliche Rolle unterstützte die Kettenflucht. Für die Abgasrohre fanden gebrauchte Wasserrohre eine neue Aufgabe, die Endtöpfe des Hondamotors blieben im Originalzustand, lediglich die Halter wurden umgeschweißt.

Der Begriff „Funbike" wurde um eine neue Dimension erweitert. Die Honda-Suzuki war nun in der Lage beinahe unglaubliche 130 km/h zu erreichen. Allerdings erwiesen sich die kleinen, dicken Ballonreifen bei dieser Geschwindigkeit der Spurstabilität als eher abträglich.

Der Eigner hat die mögliche Höchstgeschwindigkeit ein einziges Mal ausgetestet, verweigert darüber aber jegliche Aussage ...

Eigens angefertigte Halteplatten bringen den Honda-Motor in die richtige Position, die zusätzliche Rolle hinter der Fußraste ermöglicht die passende Kettenflucht zum Hinterrad.

Aus der braven Suzuki RV 125 mit 9 PS wurde durch den Einbau eines 18 PS starken Honda-Motors eine 130km/h schnelle Maschine.

Saurier aus Milwaukee

Ein dumpfes Bollern

Harley Davidson ist eine der ältesten Motorradfabriken der Welt und wohl die einzige, die seit 1903 durchgehend Motorräder baut. Der typische, längs eingebaute V2-Zylindermotor stammt in seiner Urform gar aus dem Jahre 1909!

Unterschieden werden die verschiedenen Motorenmodelle im Wesentlichen durch ihren Zylinderkopf: So gab es bis 1948 etwa den „Knucklehead" (zu deutsch „Knochenkopf"), der an die Konturen eines Schädels erinnert, und den „Panhead" (zu deutsch Pfannenkopf) mit einer glatten, flächigen Oberfläche, um nur zwei zu nennen.

Ein Charakteristikum verbindet alle Motoren: ihr unverwechselbarer Klang. Konstruktionsbedingt entsteht dieser Sound durch einen etwas versetzten Zündzeitpunkt in den beiden Zylindern. Kenner identifizieren eine Harley am dumpfen Bollern, bevor sie überhaupt in Sicht kommt.

Leistungs- und gewichtsmäßig sind die Harleys der japanischen Konkurrenz meist unterlegen. Spötter kritisieren sie als „nicht vollgasfesten Eisenhaufen". Die Harley-Gemeinde indes ficht das nicht an. Die Marketing-Abteilung von Harley Davidson hat es einmal auf den Punkt gebracht: „Wir verkaufen einen Lebensstil, das Motorrad gibt es gratis dazu."

So muss der klassische Harley-Motor aussehen, hier ein Pan-Head.

Zwei Leben, eine Maschine

Über die 50er- und 60er-Jahre hinaus gab es Menschen, die vom Autofahren nichts wissen wollten, die noch nicht einmal den Führerschein der Klasse 3 erwarben. Sie konzentrierten sich auf den Einser, um dann sogleich ein Motorrad zu kaufen. Selbstverständlich wurde ganzjährig gefahren, sommers wie winters! Dem Zeitgeist folgend, gab es zunächst den einen oder anderen nachgemachten Chopper aus Japan. Die waren zuverlässig, leistungsstark und als junge Gebrauchte günstig zu erwerben.

Bald musste es dann aber etwas Richtiges sein, etwas Originales – eben eine Harley Davidson. Ausgestattet mit einem gut gefüllten Sparschwein, fand sich nach längerem Suchen eine Panhead FLH Duo-Glide von 1962 mit 1200 ccm und immerhin 52 PS. Sie verfügte bereits über einen vollgefederten Rahmen, aber keinen Elektrostarter. Ein echtes Männermotorrad, denn die beiden Zylinder mit 1200 ccm fordern schon einige energische Tritte, um zum Leben zu erwachen. Das Motorrad wurde komplett zerlegt und die typischen Chopper-Teile eingebaut. Dazu gehörten die lange Gabel, das schmale, große Vorderrad, ein kleiner Tank, eine schmale, niedrige Sitzbank, ein kurzes hinteres Schutzblech und ein fettes, kleines Hinterrad. Nachdem die TÜV-Hürde gemeistert war, entfiel selbstverständlich das sowieso völlig überflüssige Vorderradschutzblech.

Zum Vergleich: Hier die Pan im originalen Zustand, rechts dieselbe Maschine einige Jahre zuvor.

Ein kleiner Tank und die tiefe, schmale Sitzbank runden das Bild ab.

Dem Vorbild „Easy Rider" ganz nah, sicher von den TÜV-Prüfern nicht gern gesehen: das fehlende Vorderradschutzblech.

Die Oldtimerwelle erfasste einige Jahre später dann auch die Chopper-Fahrer und es reifte die Idee, die liebevoll „Pan" genannte Maschine in den ursprünglichen Werksauslieferungszustand zurückzuversetzen. Als größtes Problem erwies es sich, an die originalen Teile zu gelangen, denn die waren seinerzeit einfach weggeworfen worden. Braucht und will kein Mensch mehr haben, dachte man. Aber die Zeiten änderten sich und so verwundert es nicht, dass die benötigten Teile erstens sehr rar und zweitens sehr teuer waren, wenn überhaupt noch jemand etwas anbot.

Die Pan jedenfalls verbrachte volle fünf Jahre im Schlafzimmer, bis gegen viel gutes Geld und nicht weniger gute Worte die fehlenden Originalteile zusammengekauft und das Motorrad aufwendig restauriert worden war.

Das Ergebnis kann sich sehen lassen: Heute steht die Pan zu 99 % so da, wie sie einst das Werk in Milwaukee verlassen hat. Und das breite Vorderradschutzblech ist doch ganz praktisch, vor allem bei Regen.

Auf eine haltbare und solide Ausführung ihrer Produkte wurde in Milwaukee Wert gelegt.

Auch der Rückbau vom Chopper zum Originalzustand ist sehr überzeugend gelungen.

Ein kräftezehrendes Prozedere, den 1200-ccm-Motor zum Laufen zu bringen, also eher ein „Männer-Motorrad".

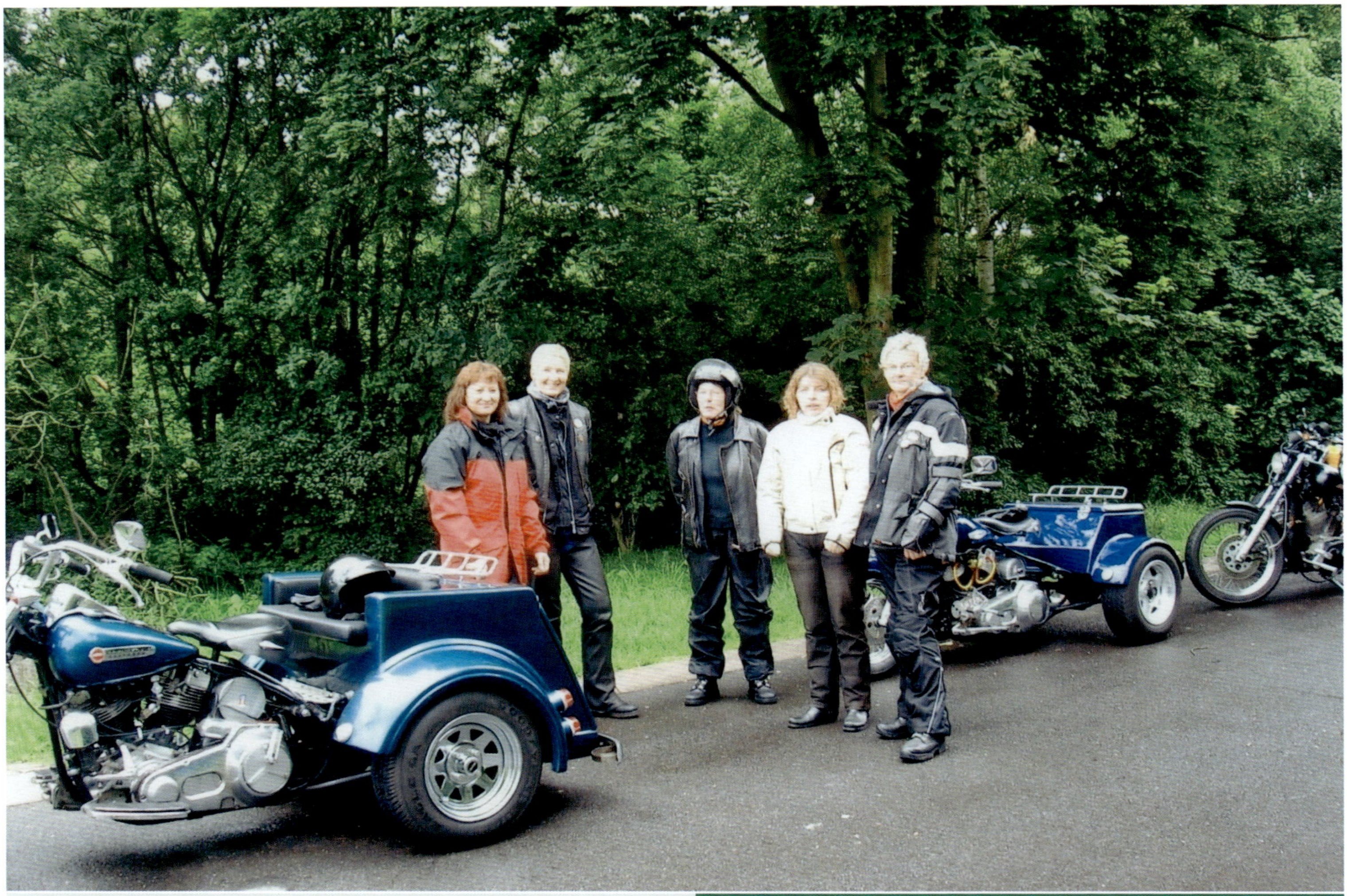

Die Mädels sorgen mit ihren schweren Maschinen unterwegs für einiges Aufsehen.

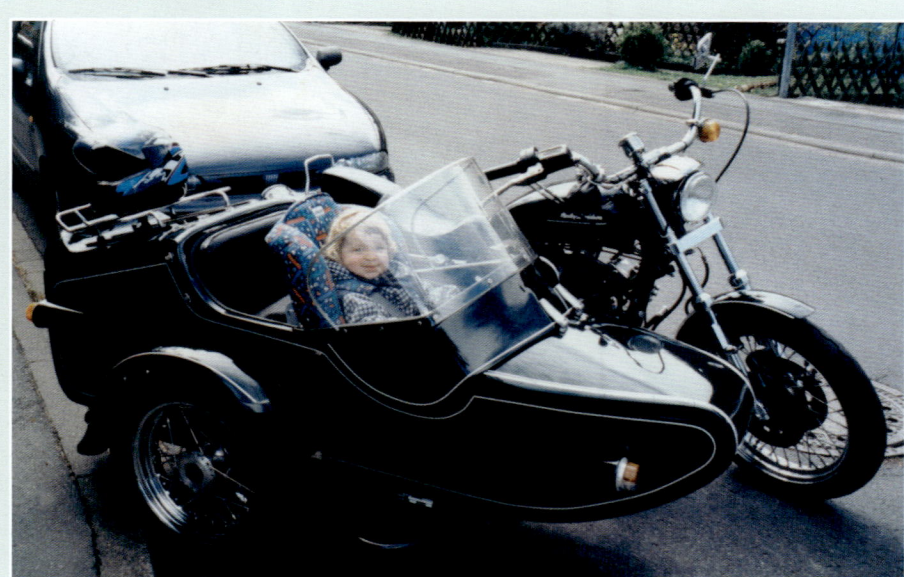

Harley und die Mädchen

Was aber machen die Mädchen, die von ihren Männern auf dem Sozius zu Harley-Davidson-Treffen mitgenommen werden? Genau, sie wollen selbst fahren und eine eigene Harley besitzen!

Kreativität ist gefragt, wenn sich Nachwuchs ankündigt. Die Lösung: Ein Seitenwagen muss her, schließlich fuhr der Vater seinerzeit mit der Familie mit der Zündapp KS 601 auch mit Seitenwagen. Nach dem Einbau eines gebrauchten Autositzes mit 6-Punkt-Gurt durch den treusorgenden jungen Vater fand der Nachwuchs einen kommoden Platz im Seitenwagenboot und der Buggy passte auch noch auf die Gepäckbrücke. Fortan sorgte die lockere Mädels-Clique bei ihren Ausfahrten mit den schweren Maschinen für einiges Aufsehen, auch wenn der Nachwuchs mittlerweile eher den cooleren Sozius auf Vaters Maschine bevorzugt.

Das ist der ultimative Kinderwagen: eine Harley und ein nachgerüsteter Seitenwagen mit 6-Punkt-Gurt fürs Kind.

Fertigmachen für die Ausfahrt!

Kaum dem Kindersitz entwachsen, möchte die junge Dame gern mal eine Runde mit Mutters Maschine drehen.

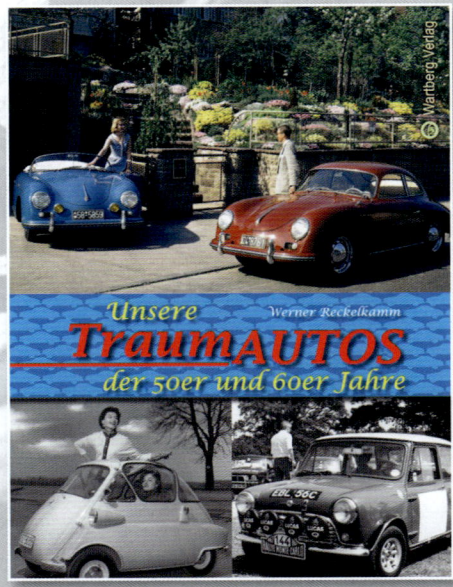
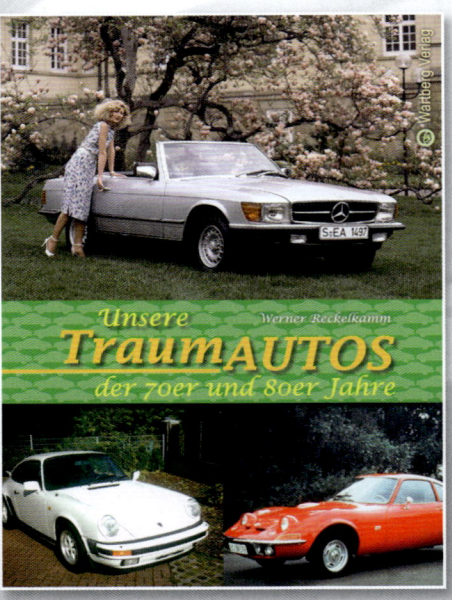

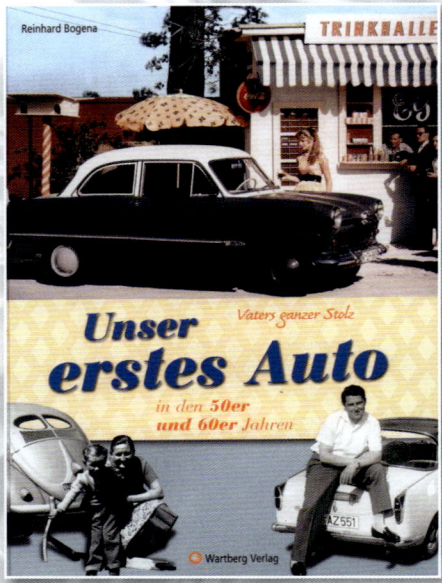